お楽しみ巻頭カラー
つるぴか泥だんごの作り方

竹井 史

子どもが見てわかるつるぴか泥だんごの作り方は、次のページに紹介しています。

作り方のポイント1
粘土質の土がポイント
つるぴか泥だんごを作るためには、粘土質の土が適しています。砂場などの砂では、つるぴか泥だんごは作れません。園庭や公園などの水たまりが乾き始めたころ、表面にぬるっと光っているものが、粘土質の土です。ぜひ、その土を探して、つるぴか泥だんごを作ってみましょう。また、だんごを光らせるために重要になるのが、その粘土質の土の"粉"です。しあげに必要になります。乾燥させた後、木づちなどで細かくたたき、さらに細かいふるいでふるって作りましょう。

作り方のポイント2
下地づくり－できるだけ滑らかに
つるぴか泥だんごが光るためには、粘土質の土の"粉"（作り方のポイント1）をかける前にできるだけ滑らかな泥だんご（つるつる泥だんご）を作ることがポイントです。乾いたさらさらの土をふりかけては手の上で転がしてを繰り返し、つるつる泥だんごを作りましょう。この段階でのだんごのできの良し悪しが光り方のようすを決めてしまいます。

作り方のポイント3
しあげ－粘土の粉を薄くかけてはこすってを繰り返そう
つるつる泥だんごができたら、粘土質の土の"粉"（作り方のポイント1）をすごく薄くかけてはこすり、かけてはこすり…を繰り返しましょう。欲張ってたくさんの粉をつけると、だんごの内側の水分を吸い上げ、表面にすぐにヒビが入ってしまいます。色つきのだんごを作りたいときは、表面に粉絵の具や墨の粉、備前土（画材店や通信販売でも購入可）の粉等をまぶすといいでしょう。

作り方のポイント4
表面を磨くタイミング、磨き方
おだんごの表面に粘土質の土の"粉"（作り方のポイント1）がかぶさって乾いた感じになったら、ビニール袋に入れてしばらく休ませます（30分〜1時間ほど）。袋の内側が水滴で曇ってきたら、だんごを取り出し、表面のようすを観察します。少しだけぬれただんごの表面が乾燥し始めたころあいを見計らって、ジャージの生地で表面を伸ばすようにして最初は優しく、表面の粘土が取れないようであれば少しずつ力を入れてこすりましょう。うまくいけば15分くらいでつるぴか泥だんごができるよ。

1

お楽しみ巻頭カラー
つるつるだんご・つるぴかだんご

1 まずは **つるつるだんご** づくり スタート

どろを ぎゅっと しぼって、みずを だして いくよ。

2 だんごを まるく かたくして いくよ。

ぎゅっ ぎゅっ

つぎは **つるぴかだんご** づくり スタート

4 かわいた こまかい つちを てに つけて、かるく はたこう。はたいても てに ついて くる こなを だんごに つけながら ころころ ころがそう。

これが だんごを ひからせる ために たいせつな **まほうの こな**。こなが だんごの ぜんたいに つくまで くりかえしてね。

ころころ

5

だんごを光らせるためには、粘土質の土の"粉"（前ページ作り方のポイント1参照）が必要です。土の粉を手につけた後、手を一度払って残っている粉を、できるだけ薄く何度もつけていくようにしましょう。

2

のつくりかた

子ども用の作り方です。
コピーしてはっておきましょう。

3

かわいた さらさらの つちを ふりかけた あと、ての うえで ころがして ひょうめんを つるつるに して いくよ。

つちが つかなく なるまで、3を くりかえしてね。

つるつるだんごのできあがり！

ここまで できたら、4に すすもう

ビニールぶくろに いれて 1じかんくらい おやすみさせた あと、すこし してから ぬので やさしく みがいてね。

つるぴかだんごのできあがり！

できた おだんごは、わたを しいた はこの なかに しまって おこう

泥だんごを磨く布は、ジャージが適しています。だんごを磨き始めるタイミングは表面の水分が無くなった後（こすっても布につかなければOK）に行ないましょう。

お役だち巻頭カラー

＊拡大コピーして保育室の見やすいところにはったり、
おたよりにして保護者に知らせたりなど、ご活用ください。

プール遊びの安全点検 ✓ チェックリスト

1. プール・プールサイド
- [ ] 毎日掃除をしていますか？
- [ ] 壊れているところはありませんか？
- [ ] 給水・排水溝はだいじょうぶですか？
- [ ] 日陰はありますか？
- [ ] シャワーや洗眼所、洗体槽などは壊れていませんか？
- [ ] ゴミ箱はありますか？
- [ ] 時間を決めて遊んでいますか？

2. 水質・水温管理
- [ ] 塩素濃度は適切ですか？
- [ ] 水温は適切ですか？

3. プールに入る前の健康観察
- [ ] 発熱している子どもはいませんか？
- [ ] 下痢やおなかが痛い子どもはいませんか？
- [ ] 肌にブツブツが出ていたり、ジュクジュクしたりしている子どもはいませんか？
- [ ] 目やにが出ていたり、目が赤くなったりしている子どもはいませんか？
- [ ] しんどそうにしていませんか？

4. プールに入る準備
- [ ] 排せつ・鼻かみは済ませましたか？
- [ ] 準備体操はしましたか？
- [ ] 足・体は洗いましたか？

5. プールから出た後
- [ ] 整理体操はしましたか？
- [ ] 体や目は洗いましたか？
- [ ] まちがって人のタオルを使っていませんか？

出典・参考：0～5歳児担任必携本!! ケガ&病気の予防・救急マニュアル
鈴木 洋・鈴木みゆき／監修　永井裕美／著（ひかりのくに／刊）

プールに入るときに注意すべき病気

集団生活において登園基準は学校保健安全法にありますが、プールに入っていいかどうかの明確な基準はありません。個々の病気に対して、プールに入っていいかどうかは、かかっている医師に相談しましょう。

> 病名だけにこだわるのではなく、まずは子どもが元気かどうか全身の状態をよく見ることを、保育者としては大切にしましょう。

急性中耳炎
主な症状
＊粘っこい、黄緑色の鼻水が続く。
＊耳に激しい痛みがあるため、泣いたり耳に手を当てたりしている。
＊黄色い耳だれが出ることもある。
プールに入れる条件・注意点 耳鼻科で治療を受け、完治していること（プールでは感染しない）。

しん出性中耳炎
主な症状
＊耳が聞こえにくくなるので、呼んでも返事をしない、何度も聞き返す。
＊痛みや発熱など目だった症状がないため気づきにくいが、発見が遅れると治りにくくなる。
プールに入れる条件・注意点 耳鼻科で治療を受け、完治していること（プールでは感染しない）。

アタマジラミ
主な症状 ＊頭のかゆみや不快感。　＊症状のないことが多い。
プールに入れる条件・注意点 卵が駆除されていること。タオルやくしなどの共用は避ける。

手足口病
主な症状
＊38℃前後の発熱。手のひら・足の裏・指の間・体に、水疱や赤みを持った米粒のようなブツブツ（丘しん）ができる。
＊口の中にも水疱ができる。痛みがあり、破れて口内炎になると食欲が落ちる。
プールに入れる条件・注意点 熱がなく、普通に食事ができること。解熱後1日以上経過していること。症状がなくなり、元気でもウイルスが排出されているので、医師と相談すること。

ヘルパンギーナ
主な症状
＊39℃前後の発熱。のどの奥に小さな赤い水疱ができ、痛みのため食欲が落ちる。
＊水疱が破れるとのどの痛みが増し、つばを飲み込むのも痛がる。
＊水分補給をいやがり、脱水症状を起こすこともある。
プールに入れる条件・注意点 熱がなく、普通に食事ができること。解熱後1日以上経過していること。症状がなくなり、元気でもウイルスが排出されているので、医師と相談すること。

水いぼ（伝染性軟属腫）
主な症状
＊1～2mmの皮膚と同じ色のブツブツが、しだいに3～4mmくらいの大きさになり、どんどん増える。
＊脇の下、脇腹など、皮膚と皮膚が擦れ合うところによくできる。体中に広がり、ほかの子どもにもうつる。
プールに入れる条件・注意点 かき壊し傷からしん出液が出ているときは、ガーゼなどを当てる。タオルやビート板、浮き輪の共用は避け、プールの後は体をよく洗い流す。

プール熱（咽頭結膜熱）
主な症状
＊39℃前後の高熱。
＊ノドのはれ・痛み、せき、目やに、目の充血。
＊頭痛、吐き気、腹痛、下痢を伴うことも。
プールに入れる条件・注意点 主要症状の消失後、2日経過するまでは出席停止。タオルの共用は避け、感染者の使ったタオルなどは、熱湯消毒した後洗濯する。

はやり目（流行性角結膜炎）
主な症状 ＊結膜及び角膜の炎症。　＊目の充血、涙が出る。
＊まぶたの裏に異物ができる。　＊耳前リンパ節のはれ、発熱。
＊症状は1～2週間で治まる。
プールに入れる条件・注意点 医師が伝染の恐れがないと認めるまで出席停止。タオルや目に触れる物の貸し借りや共用は避け、感染者が触った物は、せっけんで洗ったり、消毒したりする。

とびひ（伝染性膿痂疹）
主な症状 ＊米粒大の水疱ができ、うみを持ってかゆくなる。
＊水疱の膜は薄く、破れると中の菌を含んだ液が飛び散り広がる。
プールに入れる条件・注意点 かさぶたができていること。皮膚が乾燥していること（プールでは感染しないが、皮膚がふやけると症状が悪化する）。

光る泥だんごの作り方付き！

0〜5歳児

どろんこ遊び・水遊び・プール遊び 180

はじめに

子どもは、自然による遊びをもとに、人間同士が共感的につながり、地球環境と共存していく大切な基礎を学びます。それは、私たちの未来にとってとても大切な観点です。

夏の日ざしが強くなる季節、子どもたちはエネルギーに満ち、大好きな土、水の遊びを始めます。本書では、子どもたちに大人気の泥遊び、水遊び、プール遊びのジャンルに焦点を当て、ぜひ経験していただきたい遊びを180項目に厳選しました。それぞれの遊びには、遊びのおもしろさのポイント、環境づくり、援助の観点についても述べました。もちろん、それぞれの遊びはそれだけで完結するわけではなく、網の目のように広がり発展していきます。その意味で、本書をコピーして項目ごとに切り離し、子どもの状況に応じて組み合わせながら立体的に使用していただければ幸いです。

竹井　史

★ もくじ ★

お楽しみ巻頭カラー ＊ つるぴか泥だんごの作り方（ポイント） …………………………… 1
　　　　　　　　　　 つるつるだんご・つるぴかだんごのつくりかた（子ども用） ……… 2
お役だち巻頭カラー ＊ プール遊びの安全点検チェックリスト ……………………………… 4
　　　　　　　　　　＊ プールに入るときに注意すべき病気

はじめに ……………………………………………………………………………………………… 5
本書の特長と見方 …………………………………………………………………………………… 9
この本を読む前に〜子どもの楽しいを広げる保育者のかかわり方〜 ………………………… 10

第1章 とことん！！どろんこ遊び 〜保育者が気をつけておきたいこと〜 …… 12

砂や泥の感触を楽しもう！
1. お砂さらさら気持ち良い …………… 14　`1歳児から`
2. スコップでペチペチ ………………………　`1歳児から`
3. 初めての土体験…手足で触ろう …… 15　`0歳児から`
4. ぷにゅぷにゅボール ………………………　`0歳児から`
5. にゅるにゅる泥遊び ………………………　`2歳児から`
6. カニのあなあな …………………… 16　`2歳児から`
7. 砂山から怪獣参上！ ………………………　`3歳児から`
8. 足でどろどろ、ベチョベチョ、ザラザラ … 17　`1歳児から`
9. 泥でぎゅーっと手形足形 …………………　`2歳児から`
10. 砂場でツイスト …………………………　`2歳児から`
11. ペチャッと泥落とし ……………… 18　`2歳児から`
12. 足でゴボゴボ ……………………………　`3歳児から`
13. 泥の中にあるものなーんだ？ …………　`3歳児から`

泥・土・砂で遊ぼう！
14. 泥積みよいしょ …………………… 19　`3歳児から`
15. 泥怪獣を作ろう …………………………　`3歳児から`
16. 泥で靴を作ろう …………………………　`3歳児から`
17. 泥の壁作り ……………………… 20　`3歳児から`
18. ボクは壁塗り職人 ………………………　`3歳児から`
19. 泥フィンガーペインティング ……………　`2歳児から`
20. 泥んこジャーンプ！ ……………… 21　`3歳児から`
21. 泥投げアート ……………………………　`2歳児から`
22. どろどろ泥ながし ………………………　`2歳児から`
23. 泥落としチャンピオン …………… 22　`3歳児から`
24. ポコポコ地獄温泉 ………………………　`3歳児から`
25. 泥でひび割れ作り ………………………　`3歳児から`
26. 土の分類遊び …………………… 23　`2歳児から`
27. シャカシャカシェイク ……………………　`2歳児から`
28. 土のにおいをかいでみよう ……………　`3歳児から`
29. 砂土コレクション ………………… 24　`3歳児から`
30. 泥絵を描こう ……………………………　`2歳児から`
31. ふるいでアート …………………………　`3歳児から`
32. コップでつるつる遊び …………… 25　`3歳児から`
33. 巨大アイスを作ろう ……………………　`3歳児から`
34. 穴ほりほりほり …………………………　`3歳児から`

砂場でダイナミックに
35. 砂山を作ろう！ …………………… 26　`2歳児から`
36. 砂で棒倒し ………………………………　`3歳児から`
37. 砂山アート ……………………… 27　`3歳児から`
38. 砂山からドッカーン ……………………　`3歳児から`
39. トンネル作り …………………… 28　`3歳児から`
40. 川作り ……………………………………　`3歳児から`

泥だんごで遊ぼう
41. 泥のおだんご作り ………………… 29　`3歳児から`
42. 泥だんごでアート ………………… 30　`3歳児から`
43. おだんご積み積み ………………………　`3歳児から`
44. 当てもの遊び ……………………………　`3歳児から`
45. いろ・いろ泥だんご ……………… 31　`4歳児から`
46. 泥だんご転がし大会 ……………………　`4歳児から`
47. 泥だんごクラーッシュ …………………　`3歳児から`

ごっこ遊びを楽しもう
48. 泥でジュース屋さん ……………… 32　`3歳児から`
49. クリームジュースを作ろう ………………　`4歳児から`
50. カレー屋さん ……………………………　`3歳児から`
51. ピザ屋さん ……………………… 33　`3歳児から`
52. お好み焼き屋さん ………………………　`3歳児から`
53. お寿司屋さん ……………………………　`3歳児から`
54. おにぎり屋さん …………………… 34　`3歳児から`
55. 和菓子屋さん ……………………………　`3歳児から`
56. ケーキ屋さん ……………………………　`4歳児から`
57. ドーナツ屋さん ………………… 35　`3歳児から`
58. クッキー屋さん …………………………　`3歳児から`
59. チョコレート屋さん ……………………　`3歳児から`

第2章 思いっきり!! 水遊び ～保育者が気をつけておきたいこと～ …… 36

雨の日もランランラン
1. しずくの音楽隊 …… 38 `2歳児から`
2. 雨の日を描こう `2歳児から`
3. 雨宿りはだあれ？ `3歳児から`
4. 水たまり作り隊 …… 39 `3歳児から`
5. 雨で描くしずく君 `3歳児から`
6. 雨の日アート `3歳児から`

雨上がりは楽しいがいっぱい！
7. 雨上がりしずく発見隊 …… 40 `2歳児から`
8. 水滴ウォッチング `3歳児から`
9. 水滴飛ばし …… 41 `3歳児から`
10. 雨上がりお掃除隊 `2歳児から`
11. 水たまり発見隊 …… 42 `2歳児から`
12. 水たまりアスレチック `3歳児から`
13. 地面にお絵描き（雨上がり編） `3歳児から`
14. 水たまりつなぎ …… 43 `3歳児から`
15. 水たまりアート `3歳児から`

お天気の日に園庭で
16. お水ふしぎふしぎ …… 44 `0歳児から`
17. お化粧遊び `0歳児から`
18. お水パチャパチャ `0歳児から`
19. ひやひやあったか …… 45 `0歳児から`
20. 氷ぷかぷか `1歳児から`
21. 水の音いろいろ …… 46 `0歳児から`
22. キラキラボトル `1歳児から`
23. 冷たい、温かいどーこだ `2歳児から`
24. ひやひやマフラー …… 47 `1歳児から`
25. ちゅるちゅるミニシャワー `1歳児から`
26. スタンプ遊び …… 48 `2歳児から`
27. お水運び競争 `3歳児から`
28. 地面にお絵描き（晴れの日編） `3歳児から`
29. にじ作りにじ探し …… 49 `3歳児から`
30. とい遊び `3歳児から`
31. お水にドボン …… 50 `2歳児から`
32. どれどれ浮き沈みゲーム `2歳児から`
33. おわんでカッポン！音アート `3歳児から`
34. 表面張力マジック …… 51 `2歳児から`
35. あふれ遊び `3歳児から`
36. ワッシャー落とし `3歳児から`
37. コップdeタワー …… 52 `3歳児から`
38. キレイキレイ色水を作ろう …… 53 `3歳児から`
39. 色水ボトルで遊ぼう `3歳児から`
40. プカプカ色袋釣り …… 54 `2歳児から`
41. ジュース屋さんごっこ `3歳児から`
42. 香水ごっこ `4歳児から`

43. 泡クリーム屋さん …… 55 `4歳児から`
44. カニカニ泡ぶくぶくぶく `3歳児から`
45. しゃぼん玉遊び …… 56 `3歳児から`
46. しゃぼん玉に指…!? …… 57 `3歳児から`
47. はねるしゃぼん玉!? `3歳児から`
48. スライム遊び `4歳児から`
49. 水鉄砲で遊ぼう …… 58 `3歳児から`
50. 金魚すくい `1歳児から`
51. 魚釣り `2歳児から`
52. 舟を浮かべて遊ぼう …… 59 `3歳児から`
53. 海賊船をたおせー `3歳児から`

室内でも楽しい水遊び
54. 粉でマジック …… 60 `2歳児から`
55. しゃぼん玉deアート `3歳児から`
56. 吹き絵 …… 61 `3歳児から`
57. マーブリング遊び `3歳児から`
58. 染め紙遊び `4歳児から`
59. デカルコマニーから …… 62 `3歳児から`
60. 水入り風船でアート `3歳児から`

作って遊ぼう！ ※♥は遊ぶとき、★は作るときの年齢の目安です。
61. ペットボトルフィッシュ …… 63 `♥0歳児から ★3歳児から`
62. ペットボトルシャワー `♥2歳児から ★3歳児から`
63. ホースツリー `♥0歳児から ★保育者`
64. くるくる宇宙船 `♥2歳児から ★4歳児から`
65. ペットボトル水車 …… 64 `♥3歳児から ★4歳児から`
66. 水パチンコ `♥3歳児から ★4歳児から`
67. 水中エレベーター `♥3歳児から ★4歳児から`
68. 歯磨き粉のミニミニ動力船 `♥3歳児から ★4歳児から`
69. 発泡トレー船 …… 65 `♥2歳児から ★4歳児から`
70. ペットボトル船 `♥2歳児から ★5歳児から`
71. 紙パック船 `♥2歳児から ★4歳児から`

P.63 くるくる宇宙船

P.65 ペットボトル船

P.63 ペットボトルフィッシュ

★もくじ★

第3章 子どもに大人気!! プール遊び
～保育者が気をつけておきたいこと～ …………………… 66

プールに入る前のいろいろ水遊び
1. 水道で雨遊び ………… 68　2歳児から
2. 水道ホースで水跳び　　　2歳児から
3. 水道ホースでアーチくぐり　1歳児から
4. タコさん釣り ………… 69　2歳児から
5. キラキラ探し　　　　　　2歳児から
6. 水紋遊び　　　　　　　　2歳児から

先生といっしょに楽しく遊ぼう！ちゃっぷん水慣れ遊び
7. お水気持ち良いね ……… 70　0歳児から
8. だっこでつかろう　　　　0歳児から
9. 座ってピチャピチャ …… 71　0歳児から
10. たかいたかいとっぷーん　0歳児から
11. いないいないぴょこん … 72　1歳児から
12. 温泉ごっこ　　　　　　　1歳児から
13. おなら遊び　　　　　　　2歳児から

水にぬれてもへっちゃら！ダイナミック水遊び
14. バチャバチャ音たてゲーム …… 73　1歳児から
15. 水けりバッチャン　　　　2歳児から
16. まてまてオニごっこ …… 74　2歳児から
17. プールで競走　　　　　　3歳児から
18. ぴゅっぴゅっ水飛ばし　　3歳児から
19. ピョンピョンザブーン …… 75　3歳児から
20. 水バレーボール　　　　　3歳児から
21. 水中幅跳び ……………… 76　4歳児から
22. 大きな波をつくろう　　　3歳児から

ウキウキプール遊び＆ゲーム
23. 貝取り遊び ……………… 77　2歳児から
24. ぷかぷかボール取り　　　2歳児から
25. ぷかぷか玉入れ　　　　　3歳児から
26. ぐるぐるボール取り …… 78　3歳児から
27. バスタオル綱引き　　　　3歳児から
28. タオル綱取り …………… 79　3歳児から
29. ドッカン！水バズーカ　　3歳児から
30. 水中綱渡り　　　　　　　3歳児から
31. 忍者遊び ………………… 80　3歳児から
32. お水運び競争パート2　　3歳児から
33. ぷっくんシャツ風船　　　3歳児から
34. 船が沈むぞー …………… 81　3歳児から
35. ぷかぷか水上カルタ　　　3歳児から
36. 水中カルタ　　　　　　　4歳児から
37. ペットボトル水メガネ …… 82　4歳児から
38. 大型ペットボトル船　　　5歳児から

顔つけも楽しくなる！ぶくぶく水中遊び
39. ワニさんのそのそ ……… 83　3歳児から
40. 顔つけジャンケンジャンケンポン　3歳児から
41. 水中ジャンケンジャンケンポン　4歳児から
42. グルグル巨大渦巻き …… 84　4歳児から
43. 忍法壁歩き　　　　　　　3歳児から
44. ぶくぶくカニさんオニごっこ　4歳児から
45. 忍法すいとんオニごっこ …… 85　4歳児から
46. 水中トンネルくぐり　　　4歳児から

知らず知らずに身につく！泳ぎの基本遊び
47. スーパーマン遊び ……… 86　4歳児から
48. ゴーゴー水中ロケット　　5歳児から
49. 水中ボウリング ………… 87　5歳児から
50. ラッコさん遊び　　　　　5歳児から

P.64 ペットボトル水車

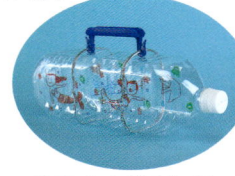
P.63 ペットボトルシャワー

P.65 紙パック船

P.64 水パチンコ

P.64 水中エレベーター

本書の特長と見方

特長

* 0〜5歳児が夢中になって楽しめるどろんこ遊び・水遊び・プール遊びが**180種類**。
* ただその遊びをして終わりとならないよう、その遊びを深めたり、広げたり、次の遊びへとつなげたりできるような魔法のことばがけや、環境づくり・援助を紹介しています。
* 巻頭にお楽しみページとお役だちページ！
  - 子どもが見てわかる光る泥だんごの作り方 …………………………………………… P.1
  - プール遊びの安全点検チェックリスト …………………………………………………… P.4
  - プールに入るときに注意すべき病気　コピーして掲示したり、おたよりに利用したりして、お使いください。

見方

★目安の対象年齢★
子どもたちの発達や興味・関心に合わせて内容を変えながら活用してください。

★遊びの内容や場面を種類ごとに紹介★
その時々の子どもたちの状況に合わせて遊びを選ぶことができます。

★遊び方の説明★
厳選した180の遊びの内容について説明しています。

水遊び −雨上がりは楽しいがいっぱい！−

水滴の感触が気持ち良い **3歳児から**

9 水滴飛ばし

雨上がりの鉄棒などを観察すれば、バーの下にたくさんの水滴があるよ。それを指でシュパッと飛ばそう。

ここが楽しい！
たくさんの水滴の感触が指に伝わり、気持ち良いのが楽しい。鉄棒はひやっつるっとしていてこれも気持ち良い。

どんどん 遊びが広がる ことばがけ・環境・援助
「隣同士の水滴を引っつけると大きな水滴になるよ。いくつか集まるとポトンと落ちるよ」「スポンジで水滴を集めてみよう」➡ 10(P.41)へ
雨のしずくが付いた傘をクルクル回して勢いよく水滴が飛ぶようすを見るのも楽しい。

ここが楽しい！
子どもがその遊びのどんなところを楽しんでいるのかがわかります。これをわかっているかどうかが次の保育へつなげるカギとなります。

どんどん 遊びが広がる ことばがけ・環境・援助
遊びを次へと広げたり、つなげたりするための保育者の**魔法のことばがけや、どんな環境を整え、援助すればいいか**がわかります。また、➡ 10(P.41)へ と番号を示しているものに関しては、本書に載っているその遊びへとつなげることができます。

9

この本を読む前に

どろんこ遊び
水遊び
プール遊び

子どもの楽しいを広げる保育者のかかわり方

みほ先生（保育歴3年目）　遊び博士 ヒトシ先生（この本の著者）

ある日の保育にて
おだんごできたー！
よかったねー。じゃあかたづけようか。
お団子から、もっと遊びが広がるのに…。もったいない!!
ちょっと待って、遊びは保育者のかかわり方しだいでもっと広げることができるんだよ！
えっ！そうなんですか？
まずは、遊びにどんな楽しさがあるかを知ろう！

まず、子どもたちの遊びの**楽しさ**は、**3つに分類**することができるよ！

1 感覚遊び

五感（気持ち良さ、きれいさなど）で感じることそのものを「あじわう」遊び

土や水そのものを五感（視覚、触覚、味覚、嗅覚、聴覚）で感じる遊びです。この遊びは、子どもの感性を豊かにするうえで、基本になる大切な遊びです。

- 水の冷たさや泥のにゅるにゅるが気持ち良い
- 色がきれい　　● いいにおい
- ステキな音、おもしろいリズム　など

2 ごっこ遊び

ごっこ遊びやゲームなどのように「する」遊び

土や水を使ってできるごっこ遊びをする、ゲームをするなど、土や水を使って何かを「する」遊びです。主として、遊びを活性化させる保育者などの援助が必要になります。

- お店屋さんごっこ
  （ケーキ屋さん、香水屋さん）
- 泥団子転がしゲーム　など

3 製作遊び

材料などを使って何かを「つくる」遊び

土や水を使って作る遊び、土や水や不用材を使って主に遊ぶための物を作る遊びです。子どもの思っているものが作れるかどうかが大切な中身。主に、材料や用具の準備、「つくる」ための技術的な援助が必要になります。

- 水鉄砲、噴水　　● 色水作り
- 型抜き　　　　　● 泥団子作り
- ペットボトルの船作り　など

★これら3つのどれかに重点が置かれた形で遊びが進められていきます。

泥団子遊びを例に挙げると、「あじわう」遊びは、泥を触る遊び。「する」遊びはお団子屋さんごっこをしたり、お団子転がしのゲームをしたりする遊び。「つくる」遊びは泥団子そのものを作る遊びです。いずれにせよ、子どものしている遊びの値うちを豊かにする方向での保育者の援助が大切です。
　もちろん、泥団子を作っているときに急にお団子屋さんごっこに発展したり、お団子屋さんごっこをしようと思ってお団子を作っていたら、お団子作りに夢中になったり、泥の感触の気持ち良さにお団子作りを中断したりすることがよくあります。これらは、遊びが連続的に発展する場合と、何かのきっかけで非連続的に別の質の遊びへと発展することがあることを示しています。

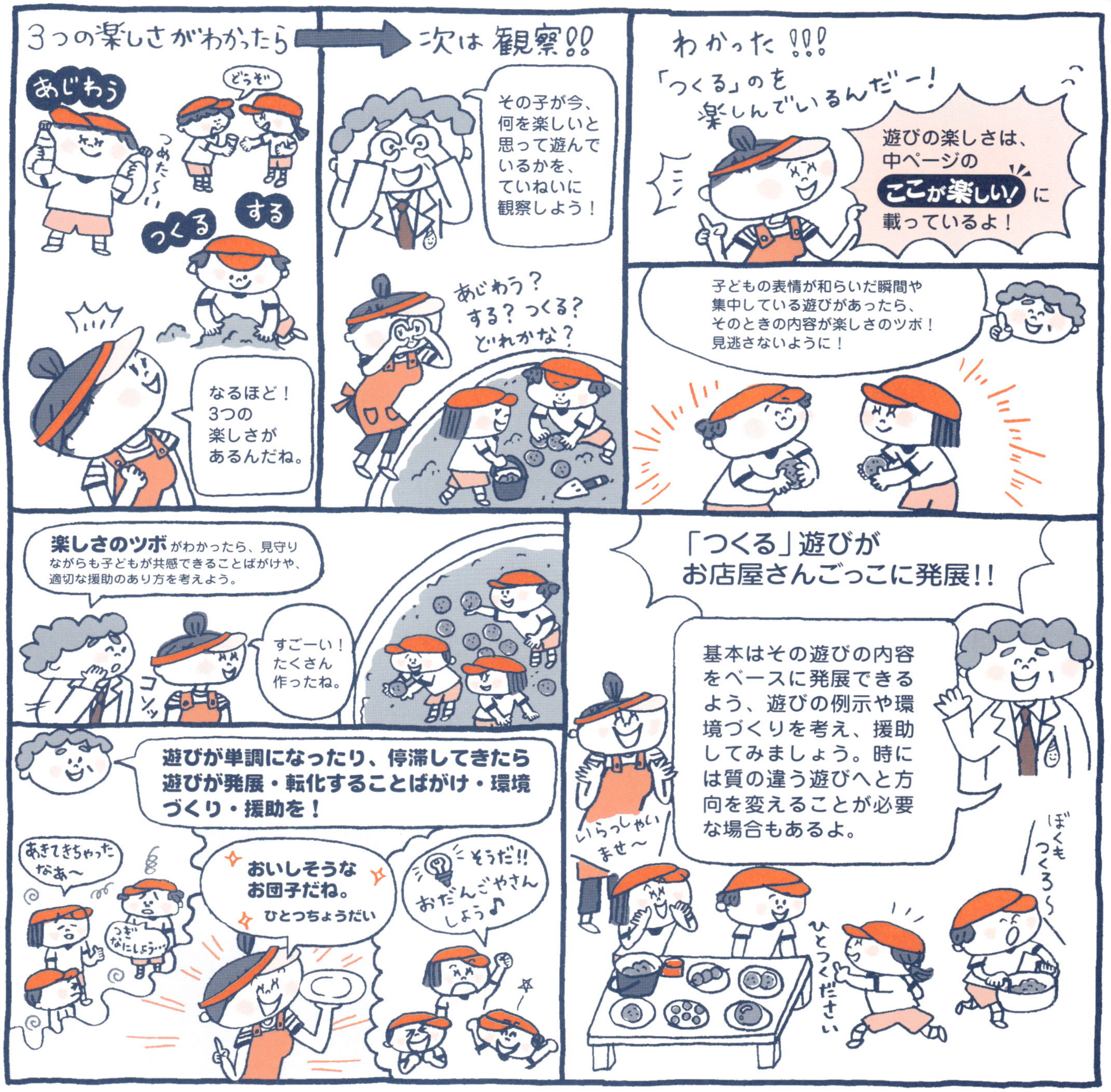

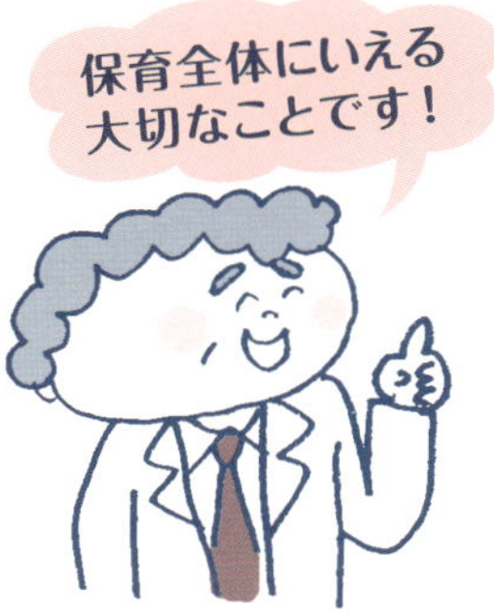

★「子どもたちが何を楽しんでいるのか？」
これを推測して、援助することが大切！

　保育者は、このような子どもたちの遊びを注意深く観察し、目の前で遊んでいる子どもたちが、何を楽しいと思って遊んでいるのかを推測しながら、どんな環境づくりをすればいいのか、どんなことばがけをすればいいのかを判断する必要があります。
　そして、遊びのそれぞれに楽しさのヒミツ（ツボ）が隠されています。子どもにとってその楽しさのツボが何かを観察して発見し、適切な環境をつくったり、言葉をかけたりするようにしましょう。

第1章 とことん!! どろんこ遊び

土に水が加わると粘り（粘性）が出て、泥団子などの形のある遊びができるようになります（可塑性）。土の中に含まれる水の量が変わると、さらさら、とろとろ、どろどろと土の表情が変わり、ジュース、シチュー、ケーキを作る…などいろいろな遊びも楽しめます。土の中に粘土が混じっているとにゅるにゅるの感覚遊びが楽しめます。土はとても奥の深い自然素材。外（泥）遊び用のシャツとパンツで思い切って遊びましょう。

どろんこ遊びの楽しさ①
にゅるにゅるが気持ち良い

どろんこ遊びの楽しさ②
形を作れるのがおもしろい

どろんこ遊びの楽しさ③
ごっこ遊びが楽しい

どろんこ遊び 〜保育者が気をつけておきたいこと〜

土や砂の性質は園によってさまざま

　楽しいどろんこ遊びをするためには、園庭の良好な土環境が大切です。整備された水はけのよい園庭環境は、それと引き替えに子どものどろんこ遊びに適した環境を奪ってしまうことにもなりかねません。どろんこ遊びには、砂だけではなく粘土成分が多く含まれた土の環境がどうしても必要になります。お団子ができるのも、光るのもそのおかげです。個々の園によって土環境は異なりますが、すぐに割れてしまうお団子しかできない土環境は、子どもの土遊びの環境としては黄色信号です。園庭に粘土質の泥（本ページ右欄参照）環境を設置するだけでも子どもの泥遊びはぐんと広がります。

砂場の管理について

　土や砂にはさまざまな雑菌が含まれていますが、子どもたちは土や砂に触れていくにつれて免疫ができてきますので、神経質になる必要はありません。砂場の深さ約10cmくらいは、屋外で常に紫外線にさらされているため安全です。砂場の深い部分まで使う場合でも、数日に一度耕せば安心です。また、子どもたちが日常的に遊ぶことで同様の効果があるでしょう。動物のふんには気をつけ、遊び終わったときには、ブルーシートを掛けるなどの対策をしておけば万全です。

どろんこ遊びをいやがる子ども、乳児への配慮

　どろんこ遊びが楽しいからといって、経験の少ない子どもがすぐにその良さを感じられるわけではありません。どろんこ遊びを繰り返すことで子どもは土の特性を学び、その良さを経験します。しかし、泥が服について汚れることをいやがる保護者や子どもも少なくありません。こんな場合は、必要に応じてどろんこ遊び（戸外遊び）用の汚れてもよいシャツとパンツを用意しておくと、抵抗感も少なくなります。最初は決して無理をせず、ほかの子どものどろんこ遊びを見学し、自分から遊びたくなるときを待つようにしましょう。

　また、乳児の泥遊びには、泥の中に異物（木の枝、石など）が混入していないかのチェック、誤飲等に備えて近くに水道やタオルの準備が必要です。

泥について知っておこう！

●粘土質の泥

　土は粘土と粒子の大きさの異なる砂などからできています。それに水を加えたものが泥です。しかし、水はけのよい園庭環境のために、「粘土」や「シルト」といわれる非常に細かい土が除外されることが多いのが現状です。本書でいう粘土質の泥とは、目安として水を加えて丸めれば、少々力を入れても割れないお団子ができる、または、手で持てるドーナツ形ができるといった粘りのある土の状態をいいます。そのような環境がなければ、建材店やホームセンターで相談して山土などを購入してもよいでしょう。

●粘土質の泥の作り方

　作り方はタライに粘りのある土と水を入れよくかき混ぜます。1日おいたらタライの表面の水を取り除き、さらに1日乾かすと上ににゅるにゅるした土の層ができます。それが粘土質の泥です。

●この本に出てくる泥の表記について

・とろとろの泥
　粘土質の土（P.1参照）に多めの水を入れた状態です。お好み焼きやクレープの生地の感じが目安です。

・にゅるにゅるの泥
　とろとろの泥から水分量が減った状態です。泥がにゅるにゅるになるには、先に述べた粘土とシルトの成分が土の中に入っていることが必要です。

・赤土・黒土
　一般に日本では、土は黄土色が基調色ですが、中に含まれる成分（鉄や有機物など）によって赤や黒などいろいろな色の土があり、子どもの土遊びの広がりを考える際の環境のひとつとしてとても有効なものです。これらの土は、ホームセンターや植木屋さんなどで容易に入手できます。

遊びを楽しむために　そろえておきたいもの

- ●スコップやシャベル
- ●バケツ
- ●ふるい（できるだけ目の細かいもの）
- ●型抜き
- ●ペットボトル

どろんこ遊び 〈砂や泥の感触を楽しもう！〉

1 お砂さらさら気持ち良い
砂を手の甲に少しずつ落としてみよう！　**1歳児から**

乾いた砂を手の甲に少しずつ落としてみよう。砂が手の甲の上で山になりながら、さらさらこぼれ落ちていくよ。砂をかけ終わったら、手の甲に積もった砂を落とすと真っ白な手になるよ。足の上にも落としてみよう。

「お砂さらさらして気持ち良いね」

ここが楽しい！
乾燥した砂にはさらさら感があります。夏の暑さに、日陰の砂はひんやりさらさらした感触が心地良い。

どんどん遊びが広がる　ことばがけ・環境・援助
砂を手の甲または手のひらや足の上に乗せた後、手や足を小刻みに動かし、大きな砂を落とすと、砂の細かい粒子だけが肌に付きます。
「わー○○ちゃん、お手て真っ白になっちゃったね」

ポイント　砂をかけるときは20cmぐらい上から落とすとさらさら見えてとってもキレイ。

---

2 スコップでペチペチ
道具を使っての初めての土遊び　**1歳児から**

スコップやシャベルを使ってバケツに湿った砂を入れよう。うまく使えなければ、最初は手でつかんでは入れて、つかんでは入れての活動を楽しもう。砂がバケツいっぱいになったらバケツの上の砂をペチペチたたいて固めよう。

用意するもの　スコップやシャベル、バケツ

ここが楽しい！
湿った砂は、さらさらの砂と性質が変わり、塊としての遊びができるのがおもしろい。

どんどん遊びが広がる　ことばがけ・環境・援助
「お砂、『ペチペチ』したら固まってきたねー」
「こっちのバケツにもしてみる？」「わー、すてき。○○ちゃん何作ったの？　大きなアイスみたいだねー」
ものの見立て遊びへと発展できる。
→ (P.25)へ

ポイント
砂に水を入れすぎると、固まらずさらさらになってしまいます。水分量に注意しましょう。

どろんこ遊び －砂や泥の感触を楽しもう！－

3 初めての土体験…手足で触ろう

土に触るとどんな感じかな？　**0**歳児から

土に手や足で触れてみよう。土の中に小石や木の枝など危険なものがないか確かめてから遊ぼう。

ここが楽しい！
初めての土体験。砂とはちょっと違う感触やいろいろな土の感触がとってもおもしろい。

どんどん遊びが広がる　ことばがけ・環境・援助

土に慣れることが一番の目的。手のひらで感触を味わったり、握っては離して指のすきまから滑り落としたり、水を加えてぎゅっと握って少し固まる感じを確かめたり……いろいろな感覚遊びをしてみよう。

4 ぷにゅぷにゅボール

泥の入ったゴム手袋ボールで…　**0**歳児から

にゅるにゅるの泥の入ったゴム手袋を、指で押すとぷにゅぷにゅ。ほっぺたに付けるとひんやり。保育者が作ったものを子どもの手に乗せて感触を味わわせよう。

用意するもの　ゴム手袋、油性ペン、にゅるにゅるの泥（P.13参照）

ここが楽しい！
ゴム手袋に入った粘土の軟らかさとゴム手袋の質感がミックスされた感触が新鮮。

どんどん遊びが広がる　ことばがけ・環境・援助

夏の暑いときは、日陰でひやっとなった泥の温度はとっても気持ち良い。手や足、首に当ててみてその気持ち良さを味わおう。慣れたら握ったり離したりして、変な顔を作ってみよう。

5 にゅるにゅる泥遊び

泥が指の間からにゅるっ！　**2**歳児から

にゅるにゅるの泥を握ったり、足で踏んだり…指の間から、泥がにゅるにゅる出ていくよ。

用意するもの　にゅるにゅるの泥（P.13参照）

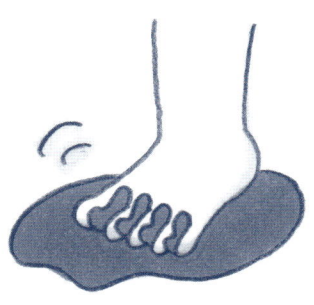

ここが楽しい！
指から出ていく泥はくすぐったくて気持ち良くてやみつきになるよ！

どんどん遊びが広がる　ことばがけ・環境・援助

感触の良い泥があれば、水を加えながらはだしで泥山を歩いてみよう。軟らかくて心地良い泥の感触は、ホントに気持ち良い。泥山を歩く遊びは、身体のバランス感覚を鍛えてくれる絶好の環境にもなるよ。

15

6 カニのあなあな

ぽこぽこ穴あけ楽しいな　2歳児から

泥に指で穴をあけていこう。ぽこぽこぽこぽこたくさんあけて、いくつあけられたか競争してみよう。指をまっすぐ入れて、まっすぐ抜くことがきれいな穴作りのポイント。

ここが楽しい！
土の可塑性（形ができる性質）が生かされ、指の跡がそのまま残る。泥に差すときの指の感触が気持ち良い。

どんどん遊びが広がる　ことばがけ・環境・援助

「深い穴にするとおもしろいよ」泥の小山を作って全体に穴をあけたら泥山アートに。穴に水を入れるとミニ池。「池の上に草をかぶせるとミニ落とし穴になるね」棒やフォークなどでもあけてみよう。

ポイント　指の穴が残る適度な水分量がポイント。土の粒子が細かければ、気持ち良く形が残りやすい。

7 砂山から怪獣参上！

動いているのは何!?　3歳児から

小さな砂山の中に手を埋め、砂の中の手を動かし、砂の中から怪獣が出てくるようすを表そう。「砂から何かが出てくるようです。……あっ、怪獣です！」と実況中継するとより楽しめるよ。慣れたら泥でもやってみよう。

すなのなかにかいじゅうがいるよ

ここが楽しい！
砂山が崩れ、うごめく感じが想像力をかき立てる。自分で動かしているのだけれど、不思議な感触と感覚がおもしろい。

どんどん遊びが広がる　ことばがけ・環境・援助

手以外にも足に砂をかけて動かして遊ぶことができる。両手を使って怪獣の角や目に見立てたり、友達といっしょに竜などに見立てて動かしたりしてもおもしろい。動かしながらなぞの生き物の紹介のし合いっこをしてもいい。

ポイント　指の細やかな動きでも、形を変えることのできる細かい乾いた砂があるといいよ。

どろんこ遊び －砂や泥の感触を楽しもう！－

8 足でどろどろ、ベチョベチョ、ザラザラ

足での感触を味わおう！ 1歳児から

泥の上にはだしで乗ってみよう。いろいろな感触が味わえて、みんなの人気の遊びに！

ポイント
触覚経験が広がるようにいろいろな感触の土を探し出すこと、水の量を変化させることがポイント。

ここが楽しい！
ザラザラ、さらさら、とろとろ、にゅるにゅる、ねばねば、ひえひえ、あつあつ…、いろいろな感触がおもしろい。

どんどん遊びが広がる　ことばがけ・環境・援助
「どんな感じがする？」土の感触を言葉にしてみよう。乾いた土を見つけたら「水を入れたらどんな感じかな？」と想像してみよう。踏んだ跡を見て、「わぁー○○ちゃん、足の形がついているよ」➡ (P.17) へ

9 泥でぎゅーっと手形足形

形をいっぱい残そう 2歳児から

泥の表面を平らにして、上から手や足をぎゅーっとスタンプするように押してみよう。

ポイント
事前に足形、手形を取れる土の状態（土の質、水の状態）に調整しておくことがポイント。

ここが楽しい！
泥の可塑性で自分の足や手の形がスタンプのように写せることがおもしろい。

どんどん遊びが広がる　ことばがけ・環境・援助
手を使って足形を作るとへんてこな形でおもしろい。歩いた跡のようにするとなぞの生き物の出現！「わーみんな見てみて、なぞの生き物の足跡発見！」
いろいろなもので形取り遊びをしよう。「何から形を取ったか当てっこしよう」

10 砂場でツイスト

足がどこまで潜るか競争だ！ 2歳児から

砂の上に乗って腰を動かしツイストしよう。両足がだんだん砂場の中に潜っていくよ。

ポイント あらかじめ砂を掘り起こして軟らかい砂地を作っておくことがポイント。

ここが楽しい！
体をひねりながらツイストすると足に砂がかかり、だんだん砂の中に潜っていく感覚がおもしろい。

どんどん遊びが広がる　ことばがけ・環境・援助
友達同士で潜りっこ競争をしよう。砂地はできるだけ軟らかく厚くすると潜るのも速く深くなるよ。軟らかな泥は歩くだけでも足が沈んでいく。このときはしりもちをついてもいいように、汚れてもいい服装を用意しよう。

どろんこ遊び －砂や泥の感触を楽しもう！－

泥の音と模様を楽しもう！　2歳児から
11 ペチャッと泥落とし

バケツに入れた軟らかめの泥を、スコップやシャベルを使って平らな地面に落とそう。ペチャッという音とともに模様が広がるよ。

用意するもの　スコップやシャベル、バケツ

ここが楽しい！
落とした軟らかな泥が地面にペチャッと広がる感じは、泥のエネルギーが分散した感じでとっても新鮮。

どんどん遊びが広がる　ことばがけ・環境・援助
泥の細かさや色を変えると変化のある模様が現れる。「落とす高さや落とす力を変えるとどうなるかな？」「泥の色を変えてやってみる？」板に当てたらアーティストに ➡ (P.21)へ

泥の穴から音がする　3歳児から
12 足でゴボゴボ

泥の中に足を入れて穴を掘っていこう。水がたまった穴に足を入れたらゴボッゴボッとおもしろい音が鳴るよ。

ここが楽しい！
泥の穴ぼこに足を出し入れしたときに鳴る音のおもしろさと泥の感触はやみつきになる。

どんどん遊びが広がる　ことばがけ・環境・援助
友達といろいろな穴をあけ、音の違いを楽しもう。入っている水の量、穴の深さ、大きさ、足を入れる強さなどによって音が異なるよ。「○○ちゃんの音、カエルさんみたいでおもしろいね」「何種類の音出せる？」

泥でいろいろ隠そう　3歳児から
13 泥の中にあるものなーんだ？

泥をブロック、石、手や足などにかぶせよう。泥をかぶせたら、泥の中の物が何かを当てっこしよう。

ここが楽しい！
泥をかぶせることによって見えていたものが急に変化し、泥のお化けみたいになるところがおもしろい。

どんどん遊びが広がる　ことばがけ・環境・援助
形から中身を想像してみよう。「さて、この泥のお化けの中身なーんだ？」中身は何も入れず、泥の形から何が入ってるか想像する遊びもおもしろい。泥山に木片などを入れて固めれば、化石発見遊びができるよ。
注意：先のとがったもの、金属のおもちゃなどには泥をかぶせないようにしよう。

どろんこ遊び

泥・土・砂で遊ぼう！

14 泥積みよいしょ
どこまで積めるかな　3歳児から

泥をどんどん積み上げて、友達と高さを競おう。土の塔が崩れたら負け。

ここが楽しい！
泥の可塑性を利用して少しずつ高く積み上げられてできていく、立体の形がおもしろい。

どんどん遊びが広がる　ことばがけ・環境・援助

「わーみんな見てみて、〇〇ちゃん、すごく高く積み上がってるよ」（周りの目をふたりの競争に向けて、緊張感などを高める）できたタワーに穴をあけたり、棒や小石を埋め込んだりして、泥基地や泥のオブジェや生き物を作ろう ➡ 🖼(P.19)へ

15 泥怪獣を作ろう
泥で作ってみよう！　3歳児から

泥で怪獣を作ろう。最初は、泥の塊を土台にして、手やしっぽを付けていこう。

用意するもの　スコップやシャベル、バケツなど

ここが楽しい！
泥の可塑性を生かして思い思いの造形物ができるところ。

どんどん遊びが広がる　ことばがけ・環境・援助

怪獣の形ができたら、「小石で目を付けたら、生命（いのち）が宿るよ」木の枝や葉っぱで手を作り発展バージョン。1匹作ったらまた増やして親子怪獣。怪獣の家など怪獣の街を作っていこう。

16 泥で靴を作ろう
足にピッタリ！　3歳児から

はだしになって泥をペタペタ付けていこう。靴の形に整え、ゴボッと足を抜けば泥の靴のでき上がり。丸めた泥をつけて、靴の模様にしてもおもしろいね。

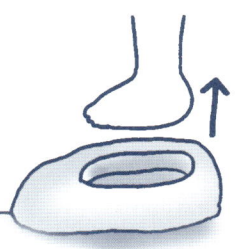

ここが楽しい！
🖼(P.18)の遊びから発展。泥を足にかぶせて遊んでいるうちに靴に変身できるところ。

どんどん遊びが広がる　ことばがけ・環境・援助

抜いた後にできた穴から火山をイメージして、横に怪獣を作ろう ➡ 🖼(P.19)、穴の中に水を入れて斜面を指で崩し、水を流して「溶岩が流れるぞー」

17 泥の壁作り

万里の泥城!?　**3歳児から**

泥や石を混ぜながら泥の壁を作ろう。どんどん延ばして、ぐるっと1周させれば、カメさん、カエルさんのおうちになるよ。

ここが楽しい!
泥壁のでこぼこした感じ、でこぼこ壁によって閉鎖された空間がおもしろい。

どんどん遊びが広がる　ことばがけ・環境・援助
「カメさんのおうち作ってあげる?」飼育中のカメなどがいたら、家に見たてるとイメージがわいてくる。年中児以上では、泥で迷路作りをすると盛り上がる。泥団子迷路にして迷路の中を泥団子を転がして遊ぶこともできるよ。

★ポイント　閉鎖された空間を家の間取りに見たてることによってイメージが広がる。

18 ボクは壁塗り職人

キレイに塗れるかな　**3歳児から**

泥に水を入れて、壁に付くぐらいの軟らかさにしよう。できたら手やスコップを使って壁などに塗ろう。

用意するもの　スコップやシャベル、バケツやタライなど

ここが楽しい!
でこぼこした泥が平らな面に早変わり。その変わり身の早さが何ともいえずおもしろい。

どんどん遊びが広がる　ことばがけ・環境・援助
壁以外に地面に塗る、バケツに泥を入れてその面を平らにする、泥山の斜面を平らにするなどの遊びもできるよ。平らな面が塗れるようになったら、そこに小石を埋め込んだり、穴をあけたりしてデザイン壁作りに挑戦。

19 泥フィンガーペインティング

泥で描こう　**2歳児から**

粘土質の土(P.1参照)の上澄みをすくって、指で画用紙にぐるぐるにゅるにゅる、フィンガーペインティングを楽しもう。

用意するもの　画用紙、泥を入れる容器

ここが楽しい!
水を加えて軟らかくなった粘土の滑らかさは1回触るとやみつきになる!

どんどん遊びが広がる　ことばがけ・環境・援助
泥を手に付けて手形スタンプ、手形を生き物に見たててなぞの怪獣作り、ほかにもはだしでアクションペインティングができるよ。指に付ける泥の量は、指を滑らすとその軌跡がきれいに残るぐらいがベスト。多すぎても少なすぎてもおもしろくないので注意しよう。

★ポイント　最初は、お盆などの上で。つるっと滑って「あっ、線ができたー!」にゅるにゅる模様遊びから始めよう。

土とたっぷりの水をかき混ぜ、1日置いた上澄み液

どろんこ遊び －泥・土・砂で遊ぼう！－

20 泥んこジャーンプ！
どこまで跳べるかな？　3歳児から

用意するもの　模造紙や段ボール、バケツやタライなど

泥を手に付けて、壁に向かってジャンプ。壁には模造紙や段ボールをはって手形を付けよう。

ここが楽しい！
泥遊びと身体運動との合体遊びがおもしろい。ジャンプして付けた泥の跡が変な形になるのもおもしろい。

どんどん遊びが広がる　ことばがけ・環境・援助
本格的ジャンプ遊びへ。手を伸ばして付けた泥の位置から、ジャンプした所までの長さをひもなどで計ってみよう。「○○ちゃんのジャンプ力が一番！」
はだしに泥を付けて足上げチャンピオン大会。

21 泥投げアート
泥で芸術しよう！　2歳児から

用意するもの　段ボールやベニヤ板

軟らかめの泥を画用紙や斜めに置いた段ボールなどに投げるとベチャッと広がって泥アート。

ここが楽しい！
投げる力や泥の状態によって飛び散る泥の表情が違うところ。

どんどん遊びが広がる　ことばがけ・環境・援助
「○○ちゃん、すごいねー泥のアーティストだ」「おもしろい方法見つけたらみんなに紹介してね」泥流し、泥吹き、泥の色を変えていろいろな泥のアートを楽しもう。
金属面（滑り台など）に付けるとおもしろい対比になる。終わったらきれいに流そう。

22 どろどろ泥ながし
流れていく動きがおもしろい　2歳児から

用意するもの　板、板を支える台

とろとろどろどろの泥を傾斜した板などから流すと、形を変えながらゆっくり、時にはすばやく生きているみたいに動くよ。

ここが楽しい！
泥の粘りを利用した遊び。斜面を滑り降りながらゆっくり形を変える姿はまるで生きているよう。

どんどん遊びが広がる　ことばがけ・環境・援助
「みんな、すごいよー○○ちゃんの泥、まるで生きてるみたいだよ！」友達同士で泥の追いかけっこ遊び。
泥滑りから発展させて、泥投げアート ➡ (P.21)へ

23 泥落としチャンピオン

塗った泥を水できれいに！ **3歳児から**

用意するもの バケツ、コップ

泥や海岸の砂などを手足や体に塗って、コップ何杯の水で泥が取れて体がきれいになるか競い合おう。

ここが楽しい！
少ない水でどれだけきれいに落とせるか、友達同士考えながらの頭脳プレーがおもしろい。

どんどん遊びが広がる ことばがけ・環境・援助

「ペットボトルシャワー(P.63)で流してみよう。くすぐったいね。笑ったら負けだよ」
ひとりのときは片手や足の泥を落とす遊び、岩などにかけた泥を落とす遊びなど。
注意：服や顔にはかけない、優しくかけるなどのルールを決めて遊ぼう。

24 ポコポコ地獄温泉

泥温泉を作ろう **3歳児から**

用意するもの 曲がるストロー2本、洗面器

粘土質の土(P.1参照)とたっぷりの水をかき混ぜて1日置く。できた上澄みを洗面器などに集め、2本つないだ曲がるストローの先を入れ、息を吹くとおもしろい泡が出てくるよ。

ここが楽しい！
粘土の泥に空気が入ると半球状の形ができては壊れ、壊れてはできるよ。やり始めるとやみつきになる！？

どんどん遊びが広がる ことばがけ・環境・援助

手にかけてみよう。乾燥するとひび割れ人造人間になっておもしろい。
とろとろの泥がないときは、コップに移してでんぷんのりを入れてよく混ぜて吹いても、雰囲気が味わえるよ。

25 泥でひび割れ作り

乾くとどうなる？ **3歳児から**

用意するもの とろとろの泥(P.13参照)、お盆や菓子缶のふた

とろとろの泥をお盆や金属の菓子缶のふたに塗ろう。次の日、乾燥するとおもしろい形のひび割れができるよ。

ここが楽しい！
ゆっくり時間をかけて変わっていく泥の変化がおもしろい。明日、どうなっているか想像してみよう。

どんどん遊びが広がる ことばがけ・環境・援助

お盆の上に泥を塗るときは(P.20)の遊びをして、だれがきれいで平らな面を作ることができるか競ってもおもしろい。水を含んだ段ボールを好きな模様に切って泥をかぶせておくと、乾燥したときにひび割れの形の中に模様が見えるようになるよ。

次の日

どろんこ遊び —泥・土・砂で遊ぼう！—

26 土の分類遊び
土と水を混ぜて1日置いておくと…!?　**2**歳児から

用意するもの　ペットボトル（円筒形）

円筒形のペットボトルに土とたくさんの水を入れてシャカシャカ。次の日にはペットボトルに泥の層ができるよ。

ここが楽しい！
混ざってひとつの泥が次の日には、いくつかの層になって分かれているのが視覚的にもわかり、おもしろい。

どんどん遊びが広がる　ことばがけ・環境・援助

粘土作りに発展。タライに3分の1の泥を入れ、多めの水を入れてよくかき混ぜよう。次の日に上澄みの水を慎重に取るとタライの上の層に薄い粘土の層ができる。にゅるにゅるのところを手ですくい取って保存しておこう。

27 シャカシャカシェイク
好きな音を見つけよう　**2**歳児から

用意するもの　ペットボトル

ペットボトルに砂混じりの泥と小石などを入れ、振ってみよう。中に入れる物によって違った音がするよ。

ここが楽しい！
水と砂、小石のナチュラルコラボ。体によるリズム遊びもできるよ。

どんどん遊びが広がる　ことばがけ・環境・援助

「ペットボトルの大きさを変えたらどんな音になるかな？」好きな音のシェイクができたら、マラカスに見たてて、リズム遊びをしよう。リズムを奏でながら身体表現も加え、総合的な表現遊びへと発展させよう。

28 土のにおいをかいでみよう
土によってにおいが違うよ　**3**歳児から

園庭の土、花壇の土など、土を両手に取って少しもんでから、鼻を近づけてにおいをかいでみよう。いろいろなにおいがするよ。

ここが楽しい！
土にいろいろなにおいがあるのが新鮮な驚きになる。気に入った土のにおいを探そう。

どんどん遊びが広がる　ことばがけ・環境・援助

「園庭のにおい探し隊になろう。植物や生き物など園庭で見つけたいろいろなにおいを教えてね」模造紙に園庭の見取り図を描き、においを言葉に置き換えて書き入れ、においマップを作ってみよう。

29 砂土コレクション
砂土の色の違いを発見! 3歳児から

集めてきた砂土をよく乾燥させてもんだ後、目の細かいふるいにかけてゴミを取って透明のコップに入れて保管しよう。

用意するもの ふるい、透明プラスチックコップ、新聞紙

ここが楽しい!
たくさん集めて比べるとその色の違いにビックリ。この土は、㉚(P.24)の泥絵を描くときにも使えるよ。

どんどん遊びが広がる ことばがけ・環境・援助
「土のカードを作って集めよう」5cm×10cmくらいに切った画用紙(端にパンチでひもを通せる穴をあけておく)の真ん中に木工用接着剤や洗濯のり(PVA表示のあるもの 洗濯のりに対して2倍の水で溶かす)で、見つけた土をはり付けよう。

30 泥絵を描こう
泥絵の具でお絵描き 2歳児から

㉔(P.22)で作った上澄みを泥絵の具として、活用しよう。そのまま筆に付けて絵を描くとどんな絵になるかな?

用意するもの 筆、画用紙、木工用接着剤や洗濯のり(PVA表示のあるもの)

粒子が粗いときは少し木工用接着剤や洗濯のり(PVA表示のあるもの)を混ぜよう

ここが楽しい!
土には黄土色、茶色に赤色、黒色などいろいろな色があることが発見できるよ。

どんどん遊びが広がる ことばがけ・環境・援助
散歩や遠足のときにビニール袋を持って行き、気に入った色の土を集め泥絵の具用にコレクションしておこう。

31 ふるいでアート
ふるった砂の上でお絵描き 3歳児から

黒画用紙の上で、乾燥した砂をふるいにかけよう。表面が真っ白になったら指を動かして絵を描いていこう。

用意するもの 目の細かいふるい、黒画用紙

砂をはらったらもようができたよ!

ここが楽しい!
絵を描いた後に、画用紙の上の細かい砂を払うと、線が現れるのがおもしろい。

どんどん遊びが広がる ことばがけ・環境・援助
砂よりも細かい粘土質の土の"粉"(P.1)を使って描くと、さらにきれいな線が描ける。また、スティックのりを好きな模様に塗った後、その粉をふるおう。残った粉を払うと砂絵ドローイングができ上がる。砂の色に合わせて色画用紙をコーディネイトしよう。

24

どろんこ遊び －泥・土・砂で遊ぼう！－

32 コップでつるつる遊び
ザラザラからつるつるに **3歳児から**

用意するもの　コップ

コップに泥を入れて、少しずつ乾いた土の粉をかけてはこするを繰り返そう。表面がつるつるになるよ。

ここが楽しい！
コップの中に入った泥は泥団子のように割れずに心置きなくこすれる。つるぴか表面を作ろう。

どんどん遊びが広がる　ことばがけ・環境・援助
慣れてきたら、お団子を作って表面に細かい粘土質の土の"粉"（P.1）をかけてつるつる団子に挑戦してみよう。薄くかけてこするを何度も繰り返すとつるつる団子ができるよ。できるだけ細かい土の"粉"をかけるのがポイント。

---

33 巨大アイスを作ろう
泥を高く積み上げて… **3歳児から**

用意するもの　コップ、バケツ、ジョウロ

コップやバケツに湿った泥を積み上げてみよう。手で固めて水をかけてを繰り返すと巨大アイスクリームの完成。

ここが楽しい！
泥をアイスに見たててどんどん積み上げていくと、見たこともないような大きなアイスができる！

どんどん遊びが広がる　ことばがけ・環境・援助
「とっても大きなアイス、だれにあげるの？」「どんな味する？」「これを看板の代わりにして、アイス屋さんごっこ始めようか？」泥の色を変えたり、中に小石などを入れたりするといろいろな味のオリジナルアイス屋さんができるよ。

---

34 穴ほりほりほり
どこまで掘れる？ **3歳児から**

用意するもの　金属製のスコップやシャベル

スコップやシャベルで砂場などの地面を掘ろう。遊び終わったら穴は元どおりに戻そうね。

ここが楽しい！
穴をどんどん掘っていったらどこまで掘れるか、何が出てくるか…？　想像しながらのワクワク感がたまらない。

どんどん遊びが広がる　ことばがけ・環境・援助
「宝探し穴掘り隊しゅっぱーつ！　どんな宝物が見つかるかドキドキするね」「この穴を掘ったら地球の反対側に行けるかな？」地面を掘るには、金属製のじょうぶなスコップやシャベルが必要不可欠。先がとがって危ないときはやすりで先を丸めよう。

25

どろんこ遊び 〈砂場でダイナミックに〉

35 砂山を作ろう！
小さな山から、いろいろな山へ　2歳児から

最初は小さな山から作り、水をかけてたたいてまた砂をかけよう。それを何度も繰り返し、大きな山に。山ができたらその隣にまた山を作る、大きな山から小さな山を飛び出させる、でこぼこ山にする……などいろいろな山を作ってみよう。

用意するもの ジョウロ、バケツ、スコップやシャベル

☆ポイント☆
すそ野を広く、水をかけてたたいて固めながら作ろう。4、5歳児は、協力しながら街を作ろう。

ここが楽しい！
ぬれた砂をどんどん積み上げることで固い砂山ができる。できた砂山でダイナミックに遊ぼう。

どんどん遊びが広がる ことばがけ・環境・援助
「両端からトンネル作ってみる？」など山、道、川、街へと発展させよう。→ 39 40 (P.28)へ
「すてきなお山できたね。お山からお団子転がしてみる？」→ (P.31)へ
「お団子の転がる道を作ってみる？」

---

36 砂で棒倒し
ハラハラドキドキ…　3歳児から

両手いっぱいに乗せた砂で山を作り、その上に木の枝を1本刺そう。友達と交互に両手で砂を取って、木の枝が倒れたら負け。

用意するもの 木の枝

☆ポイント☆
砂は乾燥したものを。枝で目を刺さないように気をつけよう。木の枝の先に目だつ色のビニールテープを巻くと安全。

ここが楽しい！
木の枝がいつ倒れるかわからないハラハラドキドキ感。予想しながら遊ぼう。

どんどん遊びが広がる ことばがけ・環境・援助
「棒倒しトーナメント（またはリーグ戦）を開催しまーす！」木の枝を深く刺したり、浅く刺したり、刺す木の枝の本数を増やしてもおもしろい。トーナメントでは敗者復活戦をすると盛り上がるよ。

プール遊び −ウキウキプール遊び＆ゲーム−

28 タオル綱取り
前後左右上下に動いて外せ **3歳児から**

2枚つなげたタオルを水でぬらし、ふたりの肩にかけるとピタッとくっつくよ。それを動きながら相手から取り合おう。

用意するもの スポーツタオルまたはフェイスタオル（2枚を結ぶ）　**水深** 子どもの太ももくらい

ここが楽しい！
水にぬらすとぺたっとくっつくタオルを、体をくねらせながら取る頭脳ゲームがおもしろい。

どんどん遊びが広がる　ことばがけ・環境・援助
スポーツタオルが無ければフェイスタオルを、ぬらして腕に巻き付けて、タオル綱取りゲームができるよ。

29 ドッカン！水バズーカ
威力満点！ **3歳児から**

ペットボトルを持ってプールの中に入ろう。水をいっぱい入れて、友達の足などにペットボトルの口を向けてボトルの側面を強く押すと一度に水が出て水バズーカになる。

用意するもの 2ℓペットボトル（円筒形）　**水深** 子どものへそくらい

ここが楽しい！
水中で肌に感じる水圧がおもしろい。

どんどん遊びが広がる　ことばがけ・環境・援助
洗剤の容器など口の小さいものでしてみよう。「どんな感じがするかな？　くすぐったい？」必ず水の中につけて遊ぶようにしよう。遊んだ後は、水中に入れたペットボトルの数をチェックしておこう。

30 水中綱渡り

そろりそろりと **3歳児から**

色水を入れたペットボトルや太いロープをいくつか沈めておこう。その上を足の感覚を頼りに端まで歩こう。

用意するもの 2ℓペットボトル（角形／数本）や太いロープ　**水深** 子どものへそくらい

ここが楽しい！
水中の凹凸を足で感じながら進むのがスリル満点の遊び。転んでもだいじょうぶ。なんだか怖そうでおもしろい遊び。

どんどん遊びが広がる　ことばがけ・環境・援助
「なんだか岩（ペットボトル）があるみたいだね。メガネ㊲（P.82）で見ながら進んでみようか？」「友達と手をつないで進めるかな？」難しければ透明テープで横に2本をつないで幅広ボトルで遊ぼう。ペットボトルに色水を入れるとわかりやすくきれい。

31 忍者遊び 〔一気に渡れ〕 3歳児から

大きめのウレタンマットを浮かせて道を作り、プールに落ちずに渡る遊びをしよう。プールに落ちたらアウト。

用意するもの ウレタンマット(数枚)　**水深** 子どものへそくらい

ここが楽しい！
最初はハイハイで、慣れたらバランスを取って一気に渡れ！　不安定なマットがスリル満点の遊び！

どんどん遊びが広がる　ことばがけ・環境・援助

「今度はふたりで手をつないで渡ってみようか」
「マットの上にあるボールを取って渡ろう」
「マットで1回ずつ回って渡れるかな？」
必要に応じて保育者がサイドからマットを支えるなどの援助をしよう。

---

32 お水運び競争 パート2 〔もれないように運ぼう！〕 3歳児から

体を使ってプールサイドのバケツに水をためよう。手ですくう、友達と協力するなどいろいろな方法を考えよう。㉗(P.48)のプール版。

用意するもの バケツ　**水深** 子どもの太ももくらい

ここが楽しい！
道具を使わずに水を運ぶ頭脳ゲーム。焦るとせっかくためた水も手や腕の間から流れていく、悔しいけどおもしろいゲーム。

どんどん遊びが広がる　ことばがけ・環境・援助

「プールの端から端までレジ袋で水を運ぼう。どうしたら早くたくさん運べるかな」
カラーポリ袋に水を入れて、「よいしょよいしょっの夏のサンタクロース遊びだよ」などと、水の重さを感じよう。

---

33 ぷっくんシャツ風船 〔風船マンになっちゃった〕 3歳児から

プールにシャツを着て入り、水につかるときにシャツの中に空気を入れて一気にしゃがもう。

用意するもの Tシャツ　**水深** 子どもの太ももくらい

ここが楽しい！
ぷっくんと膨れた空気のおなか。えいっとつぶすと空気がぶしゅぶしゅ、あーおもしろい。

どんどん遊びが広がる　ことばがけ・環境・援助

バスタオルやフェイスタオルでも挑戦。「うまく空気を閉じ込められるかな」
ほかにも洗面器やレジ袋、いろいろなもので空気をためて、ぶしゅぶしゅしてみよう。
「おならみたいだね」➡ ⑲(P.72)

プール遊び －ウキウキプール遊び＆ゲーム－

34 船が沈むぞー
プールのかたづけも遊びにしよう！ 3歳児から

ミニプールでの遊びが終わるとき、プールを沈む船に見たて、プールの中の水をバケツなどで外に出そう。

用意するもの ミニプール、バケツや容器　　**水深** 子どものひざくらい

ここが楽しい！
プールを船に見たてて沈没するスリルを味わおう。協力してプールの水がなくなったらみんな助かって、めでたし、めでたし。

どんどん遊びが広がる　ことばがけ・環境・援助
「急げー！！船が沈むぞー！　沈没したら海の底には大きなサメがいるぞー！　早く水を出せー！」想像の世界を盛り上げながらみんなで楽しもう。慌ててけがをしないように、金属容器や角のあるコップは使わない。

35 ぷかぷか水上カルタ
同じ絵を探そう 3歳児から

ウレタンマットに動物の絵などを描き、浮かべておこう。保育者が示した絵のウレタンマットを取り合おう。

用意するもの ウレタンマット（約20cm×20cmを10枚程度）、油性ペン　　**水深** 子どもの太ももくらい

ここが楽しい！
プカプカ浮いているカルタは、かってにひっついたり離れたりして、探しにくくおもしろい。

どんどん遊びが広がる　ことばがけ・環境・援助
最初は、中央にカードを浮かべ、慣れてきたらプール全体に散らそう。大きなプールではカードを増やし、プールサイドで探す子どもを追加するなど、環境やルールを工夫しよう。ペアカードを作って、水上絵合わせをしてもおもしろい。

36 水中カルタ
潜って取れるかな 4歳児から

厚めのテーブルクロス（厚さ1mm以上）などに油性ペンで絵を描こう。水に沈め、保育者の示した絵を潜って探そう。

用意するもの テーブルクロス（約20cm×20cmを10枚程度）、油性ペン　　**水深** 子どものへそくらい

ここが楽しい！
潜って目を開けないと取れない、難易度の高さがおもしろい。

どんどん遊びが広がる　ことばがけ・環境・援助
水中で目を開けにくければ、「水中でも見えるメガネを作ろうか？」→ 37 (P.82)。マグネットシートのカルタにすれば磁石にひもを付けて釣り上げる水中釣り遊びができるよ。

プール遊び －ウキウキプール遊び＆ゲーム－

37 ペットボトル水メガネ
何が見えるかな　4歳児から

ペットボトルで作った水メガネで水の中を見よう。何が見えるかな？

用意するもの　2ℓペットボトル（角形）、ビニールテープ、セロハンテープ、ビニール袋、輪ゴム、カッターナイフ　**水深**　子どものへそくらい

ポイント
ビニール袋をピンとはることと、ビニール袋とペットボトルの間から水が入らないようにしっかりセロハンテープで留めるのがポイント。カッターナイフの刃は1cm程出し、少しずつ押し切りしよう。

ここが楽しい！
水面からでははっきり見えない水中が、ペットボトルメガネを使えばはっきり見えるのがグレイト！

どんどん遊びが広がる　ことばがけ・環境・援助
㉙（P.77）、㊱（P.81）などの取る遊びやいろいろな遊びにプラスして使えるよ。

---

38 大型ペットボトル船
本物みたいに乗って遊べる　5歳児から

ペットボトルを透明粘着テープでつないでいき、イカダまたは船の形にしていこう。体重と同じ容量以上のペットボトルをつなげていくと実際に乗れる船になるよ。

用意するもの　2ℓペットボトル（角形／20本以上）、梱包用粘着テープ（透明）　**水深**　子どものへそくらい

ポイント
ペットボトルは、2本で1セットのブロックを作ろう。組み立てるときは、十分に乾燥させラベルをはがし、同じ大きさのペットボトルを使って作ろう。

ここが楽しい！
実際に乗れるペットボトル船。これに乗れば、大海原も航海できそうな冒険心がわいてくる！

どんどん遊びが広がる　ことばがけ・環境・援助
「どんな船にする？」「沈まないようにするにはどうしたらいいかな？」基本パーツができたら、友達と好きなデザインを考えながら、強度と浮力を強化していこう。

プール遊び 〈顔つけも楽しくなる！　ぶくぶく水中遊び〉

39 ワニさんのそのそ
顔だけ出そう **3歳児から**

用意するもの：フープ　水深：子どものひざくらい

浅いプールを手を使って歩こう。保育者や友達のまたをくぐったり、フープをくぐったりするとおもしろいよ。

ここが楽しい！
プールに体をつけると軽くなる、体を出すと重くなるの体感遊びがおもしろい。

どんどん遊びが広がる　ことばがけ・環境・援助
「ワニさんになって、手でのそのそ歩こう。はい、口をつけてぶくぶく〜」「足を動かすと体が少し進むね」「片手を離したらどうなるかな？」「指ではどうかな？」のそのそ歩き回りながらいろいろ試してみよう。

40 顔つけジャンケンジャンケンポン
顔つけもへっちゃら **3歳児から**

水深：子どもの太ももくらい

顔を水につけない状態で「顔つけジャンケンジャンケンポン！」負けた人は顔をちょっとだけつけるよ。

ここが楽しい！
顔つけがちょっとだけでいいので、あまり負担にならずに遊べるよ。顔をつけた友達の顔もおもしろい。

どんどん遊びが広がる　ことばがけ・環境・援助
「今度は顔洗いジャンケンしてみようか」「あごつけジャンケン」「鼻つけジャンケン」も考えられるよ。子どもたちの状況に合わせていろいろなジャンケン遊びをしながら水に慣れていこう。→ ④(P.83)へ

41 水中ジャンケンジャンケンポン
顔つけに慣れてきたら **4歳児から**

水深：子どものへそくらい

最初は水に顔をつけず、「ポン」で顔をつけてジャンケン。慣れたら水中で声を出してやってみよう。

ここが楽しい！
水中で目を開けてする遊びは、みんなの難関遊び。ちょっとつけては顔をふきふき。それでもおもしろいからやめられない。

どんどん遊びが広がる　ことばがけ・環境・援助
「目を閉じたままどのくらい顔をつけられるかな？」顔をつけられなければ、鼻と口だけをつけてする伝言ゲームなど、子どもたちの不得意なことを遊びに変えて、少しずつ楽しみながら克服していこう。

42 グルグル巨大渦巻き

渦の流れに身を任せて **4歳児から**

みんなで同じ方向にグルグルグルグル回って渦をつくろう。たくさんの人数なら渦のエネルギーも大きくなるよ。

ここが楽しい!
小さな力が集まれば大きなエネルギーになる。波つくり22(P.76)と同様、できた渦の力や大きさにはびっくり!

どんどん遊びが広がる ことばがけ・環境・援助
渦ができたら、流れに身を任せよう。大きな力でゆっくり流されていくのがわかるよ。今度は、渦に逆らって動いてみよう。大きな力に押しつぶされそうになるよ。

水深　子どものへそくらい

---

43 忍法壁歩き

地面に足をつかずに歩くよ **3歳児から**

手はプールサイドに、足は壁につけたままの状態でつかまりながら進んで行こう。慣れたら、鼻まで水に沈めて進んでみよう。

水深　子どもの太ももくらい

ここが楽しい!
プールサイドにつかまり、水に身を隠しながら進む姿は、本当の忍者みたい。

どんどん遊びが広がる ことばがけ・環境・援助
「○○ちゃん、本当の忍者みたいだ。もっと忍者の修行してみようか?」
➡44➡45➡46(P.84〜85)へと修行の数と難度を上げていこう。

---

44 ぶくぶくカニさんオニごっこ

ぶくぶくしながら逃げよう **4歳児から**

水深　子どものへそくらい

カニのように口、鼻を水につけてぶくぶく泡を出しながらオニから逃げよう。ぶくぶくしている間は捕まらないよ。

ここが楽しい!
水につかってぶくぶくしている姿は、何ともユーモラス。水面すれすれの視覚のおもしろさはこの遊びならではのもの。

どんどん遊びが広がる ことばがけ・環境・援助
「いつまでぶくぶくしていられるか、競争してみよう」「今度は、ぶくぶくしながらカニのお散歩してみよう」
気分が乗ってきたら、鼻歌をうたいながらぶくぶく。間違って鼻から水を吸わないように。

プール遊び －顔つけも楽しくなる！ ぶくぶく水中遊び－

45 忍法すいとんオニごっこ
潜っていればだいじょうぶ　4歳児から

水深　子どものへそくらい

ポイント　最初はオニを保育者がしよう。子どもが潜ったら、その子どもが水上に出てくるのを待たずにほかの子どもを目ざしていこう。

オニが来たら、「忍法すいとんの術！」と言ってひとさし指を伸ばし両手を重ねて水に潜ろう。水中に潜っている間はオニに捕まらないよ。潜ろうとしているうちに体がしぜんに浮く経験ができるよ。

ここが楽しい！
忍者ごっこで、すいとんの術を使えるおもしろさ。もぐりながらあたふた逃げる。苦しいけど楽しい。

どんどん遊びが広がる　ことばがけ・環境・援助
潜ることが難しければ、「鼻まですいとんの術」などルールを変えよう。潜りに慣れたら、頭が見えない子に「あれーっ、○○ちゃんはどこに行ったのか見えないよ」
息が苦しくて上がってきた子に「すいとんの術やぶれたり～見っけ！」

46 水中トンネルくぐり
お友達のトンネルをくぐろう　4歳児から

水深　子どものへそくらい

ポイント　くぐるのをためらっている子どもに、無理に頭や体を押さないようにみんなで約束しよう。

2～5人が1列に足を広げて並び、先頭の子どもから並んでいる子どものまたを順々にくぐっていこう。子ども同士の間は1mぐらい空けて、ひとりくぐったら顔を上げられるようにしよう。

ここが楽しい！
くぐって上がったら目の前に友達がいるのがうれしくて、安心して遊べるよ。

どんどん遊びが広がる　ことばがけ・環境・援助
潜るのが苦手な子どもがいれば、水深を少し浅くして、息をしながらくぐれる空間をつくろう。慣れたら、「ふたりくぐりできるかな？　3人くぐりは？」とくぐる人数を増やしていったり、距離を広げたりして遊びの難度を少しずつ上げていこう。

85

プール遊び 〈知らず知らずに身につく！ 泳ぎの基本遊び〉

47 スーパーマン遊び
伏し浮きに挑戦　4歳児から

スーパーマンみたいに水の上を飛んでみよう。肩まで水に入り、息をたくさん吸って顔を耳の辺りまで水につけよう。体が浮き出したら、手足を伸ばすと水飛ぶスーパーマンに変身！

水深　子どものへそくらい

✿ ポイント ✿　一直線になって、プールサイドの壁を勢いよくけって進むようにアドバイス。

ここが楽しい！
お空は飛べなくても水の上は飛べる。スーパーマンになったつもりで、水の上を飛んでみよう。

どんどん遊びが広がる　ことばがけ・環境・援助
「スーパーマンになってどこまで飛べる（進める）かな？」「（プールの端まで）何回足を着くだけで進めるかな？」「あおむきではどうかな？」
慣れたら、プールサイドからポーズを決めて「飛び込みスーパーマンの遊びをしよう」

---

48 ゴーゴー水中ロケット
スーパーマンができるようになったら　5歳児から

腕を上へ伸ばし、そのまま全身を水中に沈め、両足をそろえてプールサイドの壁を思いっきりキック。進まないときは、前を見ずに、両腕で頭を挟み、自分のおへそを見るような姿勢にするとよく進むようになるよ。

水深　子どものへそくらい

✿ ポイント ✿　沈む遊びをすることで、人間の体は浮くということに気づかせよう。

ここが楽しい！
水圧を感じながら水の中を進むのがおもしろい。聞こえる音も、ふだんとは違う宇宙みたいな音。

どんどん遊びが広がる　ことばがけ・環境・援助
「友達に足を押してもらおう。マッハロケット！」「友達と手をつないでダブル水中ロケットだよ」体が沈みにくければ、両手をオールのように動かして動力つきロケットに変身。慣れたら、プールの床すれすれに偵察ロケット遊びをしよう。底におなかをこすらないように注意。

プール遊び －知らず知らずに身につく！ 泳ぎの基本遊び－

49 水中ボウリング
目ざせストライク　**5**歳児から

用意するもの　2ℓペットボトル（円筒形／6本）　水深　子どものへそくらい

ペットボトルに色水を入れ、プールの中に6本並べよう。㊾（P.86）の水中ロケット遊びのようにプールサイドの壁をけって、勢いをつけ、手の平で色つきペットボトルピンを倒そう。

ここが楽しい！
水中のピンを倒すミッションは、具体的な達成感を伴う楽しい遊び。ルールをいろいろ工夫してみよう。

どんどん遊びが広がる　ことばがけ・環境・援助
水中潜りも目標があると遊びが発展する。3本、6本、10本と並べるピンの本数を変えたり、一直線やジグザグに並べてピンを取る遊び、みんなで水中に潜って水中リレーでピンを運ぶ遊びなどがおもしろい。

50 ラッコさん遊び
背浮きができる　**5**歳児から

用意するもの　カラーボール　水深　子どものへそくらい

肩まで水に入り、大きく息を吸って水面に静かに寝るようにしてみよう。耳まで体を沈めて、あごを少し上に、へそを出すようにするとラッコさんになるよ。カラーボールをおなかに置いて、貝を割って食べるまねをしてみよう。

ポイント　体は少し沈んでもあごを上げていれば息ができることを、アドバイスしよう。

ここが楽しい！
プールは動くばかりが遊びじゃない。プカプカ浮くだけで水に包まれた感じが心地良い、リラックス遊びがおもしろい。

どんどん遊びが広がる　ことばがけ・環境・援助
「体の力を抜いて水の中に寝る感じだよ。水って柔らかいね。優しいね」水の柔らかさを感じるときはおしゃべりも、動的な遊びも、音楽もストップ。「目を閉じてごらん。お日様の光、感じるかな？　雲のふわふわベッドで寝ているみたいだね」

87

著者／竹井　史

1959年大阪生まれ。筑波大学人間総合科学研究科後期博士課程芸術専攻満期退学。愛知教育大学教育学部創造科学系教授等を経て、現在、同志社女子大学現代社会学部現代こども学科教授。専門は美術教育学、幼児教育（造形・遊び）。これまでに、地域住民参加のイベントを15年間企画し、7万人以上の親子とふれあう。

主な著書

『子どもの表現活動と保育者の役割』明治図書、共著（1998）
『自然素材を生かした造形活動』明治図書、共編著（2003）
『伝承おもしろおもちゃ事典』明治図書（2003）
『幼児とつくるエコロジカル工作76』明治図書、共編著（2003）
『絵画・製作・造形あそび指導百科』ひかりのくに、共著（2005）
『作って遊ぼう　リサイクル工作』メイト（2005）
『製作あそび百科』ひかりのくに（2006）
『幼児の脳を育てるNURIE』メイト、共著（2007）
『幼稚園教諭　はじめの3年間QA事典』明治図書、編著（2008）
『ぬりえの不思議』ぎょうせい、共著（2010）
『どんぐり・落ち葉・まつぼっくり製作BOOK』ひかりのくに（2010）
『遊びづくりの達人になろう！』（全3冊）明治図書、編著（2011）
『作って遊べるカンタンおもちゃ』ひかりのくに（2012）
『まいにちぞうけい115』メイト（2017）
『造形表現』一藝社　編著（2018）
など

※本書は、『月刊 保育とカリキュラム』2010年7月号別冊附録を単行本化したものです。

STAFF

- 表紙デザイン／景山　芳
- 表紙イラスト／きたがわめぐみ
- 本文デザイン／景山　芳・(株)どりむ社
- 本文イラスト／常永美弥・白川美和・池田かえる・みやれいこ・石川元子・北村友紀・吉川めり子・ナシエ・石川えりこ・藤沢しのぶ・あらきあいこ・ひろいまきこ（掲載順）
- 撮影／KST.クリエイションズ・佐久間秀樹
- 編集協力／(株)どりむ社
- 企画・編集／藤濤芳恵・安藤憲志
- 校正／堀田浩之

保カリBOOKS⑪
0～5歳児　どろんこ遊び 水遊び プール遊び 180

2011年5月　初版発行
2021年6月　第9版発行

著　者　竹井　史
発行人　岡本　功
発行所　ひかりのくに株式会社

〒543-0001　大阪市天王寺区上本町3-2-14　　郵便振替00920-2-118855　TEL06-6768-1155
〒175-0082　東京都板橋区高島平6-1-1　　郵便振替00150-0-30666　TEL03-3979-3112
https://www.hikarinokuni.co.jp

印刷所　大日本印刷株式会社

©2011　乱丁、落丁はお取り替えいたします。

Printed in Japan
ISBN978-4-564-60789-9　C3037
NDC376　88P　26×21cm

本書のコピー、スキャン、デジタル化等の無断複製は著作権法上での例外を除き禁じられています。本書を代行業者等の第三者に依頼してスキャンやデジタル化することは、たとえ個人や家庭内の利用であっても著作権法上認められておりません。